[par Daniel Duncan d'après Barbier]

DISCOVRS DE LA POSSESSION des Religieuſes Vrſulines de Lodun.

M. DC. XXXIV.

DISCOVRS DE LA POSSESSION des Religieuses Ursulines de Lodun.

COMME de douter s'il y peut auoir des Demoniaques c'est vne impieté : aussi est-ce vne simplicité trop grossiere, quand il s'agit d'vn particulier, de croire qu'il soit Demoniaque sans preuues certaines & manifestes. Car l'histoire nous enseigne que plusieurs ont contrefaict les Demoniaques ne l'estants point : & l'humeur melancholique produict quelquefois des effects qui passent pour surnaturels non seulement au iugement du vulgaire, mais aussi de quelques vns des doctes. C'est pourquoy le Rituel Romain deffẽd de croire de leger que quelqu'vn soit demoniaque. Et en obeissant à cette deffence i'estime qu'il m'est loisible de douter si les Religieuses Vrsulines de Lodun sont possedées & agitées du malin esprit : dautant que les raisons qu'on allegue pour le prouuer me semblent foibles & insuffisantes.

Ces raisons sont ou morales, ou naturelles. Les morales sont le iugement qu'en font Monsieur l'Euesque de Poictiers Prelat sçauant & sans reproche, & les Prestres & Religieux par luy employez à l'exorcisme, & Monsieur de Laubardemont Commissaire du Roy, & les Medecins par luy choisis & appellez pour iuger si ce qui paroist d'extraordinaire en ces filles procede de maladie, ou de malice, ou d'vne cause surnaturelle. Car ils croyent tous la possession, De plus quelle apparence y a il que des filles qui de naissance sont de bonne maison, & de profession Religieuses, voulussent contrefaire les Demoniaques au preiudice de leur propre honneur & ſans en eſperer aucun aduantage : & accuſer de Magie vn Preſtre innocent contre lequel elles n'auroyent iamais eu ny procez, ny querelle, ~~ny au~~ ny aucun ſubiect d'inimitié : Et en outre qu'vne telle fourbe puiſſe auoir eſté tenuë ſecrette par tant de filles ſi longtemps.

Ces raiſons me ſemblent ſuffiſantes pour empeſcher vn eſprit modeſte de ſouſtenir abſolument que ces filles ne ſont pas poſſedées , mais non pas pour nous aſſeurer de la poſſeſſion. Car quãt à Mr de Poictiers, ie l'honore autant que ceux qui croyent , ou font ſemblant de croire la poſſeſſion. Mais ie ſçay que ie ne l'offence point en diſãt, que ſes iugemẽs ne ſont pas infallibles, & principalement en vne affaire de ceſte nature : car il n'eſt pas icy queſtion d'vn poinct de Theologie, ains d'vn fait particulier, ou le Pape meſme peut errer. Car pour aſſeurer qu'vn particulier ſoit poſſedé d'vn Demon il faut preallablemẽt voir des effects qui ſurpaſſent la puiſſance des cauſes naturelles: & ie pẽſe que perſonne ne doubte qu'il n'appartienne pluſtoſt aux Naturaliſtes & aux Medecins qu'aux Theologiens de iuger de la puiſſance & portée des cauſes naturelles: comme au contraire quand il paroiſt euidemment des effects ſurnaturels en quelqu'vn, ce n'eſt plus aux Medecins ains aux Theologiens & Iuriſconſultes de s'en meſler: pour exemple de diſputer, *Si vn Magicien peut enuoyer vn Demon dans le corps d'vne perſonne qui craint Dieu & qui ny apporte aucun conſentement exprés ny tacite: s'il faut adiouster foy a ce que diſent les Demons quand ils ſont adiurez de dire verité: ſi l'exorciste a la puiſſance d'augmenter ou diminuer les peines & tourments d'vn Demon, & eſt bien fondé de luy dire, MVLTIPLICO TVAS POENAS, MILLECVPLO TVAS POENAS AVGEO TVAS POENAS IN INFINITVM: S'il luy eſt loiſible quand le poſſedé eſt en repos de faire com-*

mandement au Demon de le tourmenter, ou de rentrer dans son corps apres en estre sorty; ou de ramener l'Hostie sur la langue apres l'auoir auallée : ou, ne pouuant chasser le Demon par Prieres & Exorcismes, d'auoir recours au bruslement de son effigie faicte à la fantasie du Peintre comme au dernier remede pour le chasser : ou de proposer des questions au Demon touchant la sacrée personne du Roy, & celle de Monseigneur le Cardinal Duc de Richelieu, attendu que les Demons sont meschans & calomniateurs des gens de bien. Toutes ces choses se pratiquent à Lodun aux exorcismes, & quelques vnes d'icelles ne sont pas au goust de tous ceux qui les ont veuës : mais, comme Medecin, ie n'entreprends pas d'en dire mon aduis, ne desirant passer les bornes de ma profession.

Quand aux Prestres & Religieux qui font les exorcismes, ie suis encore moins obligé de dependre de leurs sentimens que de celuy de Monsieur de Poictiers : & nonobstant que les Exorcistes preschent que tous bons Catholiques sont obligez de croire la possession, mesmes se licentient d'appeller quelques vns Athees pource qu'ils ne la croyent pas, si est ce que ie cognois d'autres Ecclesiastiques doctes & consciencieux, & aussi zelez Catholiques qu'eux, qui doutent de la possession autant que moy.

Pource qui concerne Monsieur de Laubardemont, il est trop iudicieux pour vouloir que son opinion de la possession passe pour loy aux autres. Et a assez tesmoigné en plusieurs occurrences ne se picquer aucunement contre ceux qui en ont d'autres sentimens que luy, & ie m'asseure qu'il ne demande autre louange que celle de fidelité & diligence en l'execution de sa commission.

Quant aux Medecins par luy assemblez, leurs rapports de cet affaire sont plus considerables : mais ie n'ay pas vne assez claire cognoissance de ce qu'ils contiennent

contiennent ; comme ne ſçachant ſi les copies que i'en ay veuës sont conformes aux originaux. Mais cela poſé que tous leurs rapports fauoriſent la poſſeſſion, il faudroit ſçauoir s'ils ont eſté tous d'vn meſme aduis, ou ſi quelques vns d'eux les ont ſignez ſeulement en deferant à la pluralité des voix & contre leur ſentiment particulier, comme ſouuent il arriue en telles compagnies. Car il eſt certain que pluſieurs d'entr'eux eſtoyent deſia preuenus & auoyent faict tous leurs efforts pour perſuader la poſſeſſion à tout le mõde plus d'vn an auant que d'auoir eſté appellez pour en iuger : & peut eſtre que ſi Monſieur de Laubardemont l'euſt ſçeu, il en euſt choiſi d'autres plus indifferents & nullement engagez à ſouſtenir leurs premieres opinions. Quoy qu'il en ſoit, il n'eſt pas tant queſtion quels ont eſté leurs rapports, que ſur quelles raiſons ils ſont fondez : car s'ils ne ſont appuyez de bonnes & fortes raiſons ils ne ſont pas comme vn texte d'Hippocrate pour fermer la bouche aux autres Medecins. Or est-il que les escrits qu'on dit estre copies de leurs rapports ne me satisfont nullement, & les raisons qui y sont alleguees seront cy apres examinees.

Mais pour venir aux filles pretendues possedees, ie pourrois icy alleguer d'autres fourbes aussi estranges, faictes par des Religieux au grand deshonneur de leur profession : mais ie souhaitterois plustost que la memoire en fust entierement abolie. Partant pour me tenir attaché au faict dont est question, i'aduouë que si elles croyoyent que ce fust vne tache à leur honneur d'estre estimees possedees, il n'y auroit aucune apparence qu'elles voulussent faire semblant de l'estre. Mais puis qu'on pose pour fondement, que si elles sont possedees, ce n'est pas de leur gré & consentement ni par leur faute; ains par le malefice d'vn abominable Magicien : elles sçauent que tout ce qu'elles disent &

font contre la pieté & les bõnes mœurs ne leur pourra estre imputé, ains aux Demons qu'on presuppose parler par leurs bouches & agiter leurs corps : & que le bruict de leur possession estant espandu au loing les tirera de l'obscurité dans laquelle elles viuoyent auparauant pour les esleuer quelque iour & toute leur compagnie à vn haut degré de gloire, & excitera la charité & liberalité des bons Catholiques à leur faire du bien. Car il y a grande apparence qu'estans curieuses de ce qui concerne leurs Ordre, elles auront leu l'Histoire de la possession de quelques Vrsulines d'Aix en Prouence, par le malefice de Gauffredy, mise en lumiere par le Pere Sebastian Michaelis, ou la possession de la Sœur Louyse Cappeau est comparée aux souffrances de Iob, & le Diable Verrine estant contrainct par la vertu des Exorcismes confesse *qu'elle a esté humiliée pour estre exaltée deuant Dieu & les hommes, & pour l'exaltation de la Compa-*

gnie de Sainčte Vrſule. Ce ne ſeroit pas donc choſe fort eſtrange ſi les Vrſulines de Lodun contrefaiſoyent les poſſedées.

Mais eſt-il croyable qu'elles ayent complotté enſemble pour accuſer de Magie vn Preſtre innocent, qui ne les auroit iamais offencé? A la verité, i'aurois bien de la peine à le croire. Toutesfois les Lodunois diſent qu'il n'eſt pas hors d'apparence qu'elles l'ayent fait eſtant ſubornées & ſeduičtes par les ennemis de l'accuſé, au rang deſquels on met leur Confeſſeur & Direčteur de leur conſcience, comme il appert par la Requeſte preſentée par ledičt accuſé au Baillif de Lodun le 12. d'Očtobre 1632. a celle fin que defence fuſt faičte à leur dičt Confeſſeur d'approcher d'elles & les exorciſer. Car vn eſprit malicieux viſant à la vengeance, ou eſperant de tirer quelque aduantage de la mort de l'accuſé, ou de ſe faire renommer par l'exorciſme, trouueroit aſſez de facilité en ces filles pour leur rendre odieux celuy duquel il auroit proietté la ruine, & leur persuader que de sa mort reuiendroit vn grand bien & à l Eglise en general & à elles en particulier. Et ne se faudroit pas estonner si tant de filles gardoyent le secret si long temps, veu le danger qu'elles encoureroyent si la fourbe estoit descouuerte : ioinct qu'il est plus aisé à douze ou quinze renfermees dans vne maison commune, & sequestrees de la frequentation du reste du monde, de tenir vne affaire secrette, qu'à trois ou quatre qui seroyēt en diuerses maisons particulieres, & conuerseroyent librement dans le monde.

Mais posons qu'il n'y ait point de fourbe ni de fiction en cet affaire. S'ensuit-il pour cela que ces filles soyent possedees ? ne se peut-il pas faire que par folie & erreur d'imagination elles croyent estre possedees ne l'estāt point? Mon dessein n'est pas à present de faire vn denombrement des folles & extrauagantes imaginations des melancholiques : suffira de dire qu'Auicenne escrit que quelques vns d'eux *croyent estre demons*, & qu'Aetius ancien Medecin Grec a remarqué expressement que quelques vns d'eux *croyent estre possedez de demons qui leur auroyent esté enuoyez par les enchantemens de leurs ennemis*. Ses paroles sont τινὲς ἢ τῶν μελαγχολικῶν ἢ δαίμονας ἀπὸ γοητειῶν τῶν ἐχθρῶν ἐπῆχθαι αὐτοῖς ὑπολαμβάνουσι. Cela arriue facilement aux esprits disposez à folie, s'ils sont réfermez dans vn Couuent & s'ambarassent dans la meditation & ce en plusieurs manieres. Premierement apres des ieusnes, veilles & profondes meditations des peines des enfers, & des Diables & de leurs artifices, & des iugemens de Dieu & autres choses semblables: & seroit à desirer que tels esprits ne s'adonnassent pas à la vie solitaire & religieuse : car la frequentation ordinaire des hommes leur pourroit seruir de preseruatif contre tels maux. Secondement, vne parole de leur Confesseur bien dite, mais mal interpretee, y pourroit donner occasion : car s'il leur disoit que tels ou tels mauuais desirs, comme de quitter le Couuent & se marier, qu'elles auroyent eu & dont elles se seroyent confessees, viennent de la tentation & suggestion du Diable, les sentant souuent renaistre dans leurs cœurs, elles pourroyent entrer en l'opinion d'estre possedees, & la frayeur qu'elles auroyent des enfers leur feroit imaginer auoir tousiours vn Diable à la queuë. Tiercemẽt, vn Confesseur leur voyant dire & faire choses estranges, pourroit par ignorance & simplicité croire quelles seroyent ou possedees ou ensorcelees, & en suitte le leur persuader par le pouuoir qu'il a sur leurs esprits. Et de faict la sœur Agnes a souuent dict quand on l'exorcisoit, *qu'elle n'estoit pas possedee: mais qu'on le luy vouloit faire croire , & qu'on la contraignoit de se laisser exorciser.* Et le vingtsixiesme iour de Iuin dernier, l'Exorcis-ste ayant par mesgarde laissé tomber du soulfre bruslant sur la leure de la sœur Claire, elle se mit à pleurer amerement en disant que *puis qu'on disoit qu'elle estoit possedee, elle en vouloit biẽ croire quelque chose: mais que pour cela elle ne meritoit pas d'estre ainsi traittee.* Or si telles pensees saisissent vne fois les esprits de deux ou trois d'entre elles, soudain elles s'estendent & se communiquent à toutes les autres: car les pauures filles adioustent beaucoup de foy à ce que disent leurs compagnes, & n'osent reuoquer en doute ce que dit leur Mere Superieure: en suitte s'effrayent, & à force d'y penser iour & nuict elles rapportent leurs songes pour visions, & leurs apprehensions pour veritez; & si elles entendent le bruict d'vne souris dans les tenebres, elles croyent que c'est vn Demon; ou si vn chat monte sur leur lict, elles croyent que c'est vn Magicien qui seroit entré par la cheminee, ou par vne lo-

sange

ſange rompue de la feneſtre, pour attenter à leur pudicité : ſur quoy il eſt à propos de remarquer que le douzieſme d'Octobre 1632. comme on exorciſoit la mere ſuperieure en ſa chambre, en la preſence de Meſſieurs le Baillif & Lieutenant Ciuil de Lodun & de beaucoup d'autres perſonnes, quelques vns de la compagnie, ayans apperçeu vn chat dãs la chambre, affirmoyent l'auoir veu entrer par la cheminee, lequel chat fut pourſuiui & pris & mis ſur le lict de la Mere Superieure, où l'Exorciſte luy fit quelques ſignes de Croix & adiurations, puis fut recognu que c'eſtoit vn des chats du Conuent. De cecy fait foy le procez verbal fait par ledit ſieur Baillif le meſme iour.

Ie penſe auoir monſtré aſſez clairement la foibleſſe des raiſons morales de la poſſeſſion. Voyons maintenant ſi les naturelles ſont plus fortes, c'eſt à dire, ſi en ces filles il paroiſt quelque choſe qui ſurpaſſe la puiſſance des cauſes naturelles qui ſont en l'homme, en ſanté, ou en maladie. Car ce ſeroit vne trop grande temerité d'atrribuer aux Demons ce qui pourroit eſtre attribué auec probabilité à quelques cauſes naturelles. Ces raiſons ſont priſes des paroles de ces filles, de certains mouuements de leurs corps, des playes faictes au coſté de la Mere Superieure, & de l'Hoſtie & eſpeces Sacramentelles. S'il y a quelque autre raiſon dont on ſe puiſſe ſeruir pour la poſſeſſion, elle n'eſt pas encore venuë à ma cognoiſſance.

De leurs paroles on tire deux arguments. Le premier eſt: qu'elles entendent la langue Latine, ſans auoir mis aucun eſtude à l'apprendre: ce qu'ils diſent eſtre manifeſte, de ce qu'au mois d'Octoble 1632. qui fut le commencement de l'affaire, la Mere Superieure reſpondoit en Latin aux interrogatoires que l'Exorciſte luy faiſoit en Latin. Et bien que cette année aucune d'elles n'y reſponde qu'en François, ſi eſt-ce, (dit-on) que leurs responses sont si pertinentes, qu'on ne peut douter qu'elles n'entendent les questions qui leur sont faictes. Le second est, qu'elles declarent & reuelent plusieurs faicts qu'elles ne peuuent auoir appris par aucun moyen humain.

Pour response au premier, Il y a des Medecins qui ont escrit, que le cerueau de l'homme & ses esprits animaux peuuent acquerir vne certaine trempe en la Phrenesie, Melancholie, ou Manie, qui le face parler Latin, sans l'auoir appris auparauant. Mais il n'est pas besoin que ie m'engage à traitter cette question pour le present, d'autant que nos Vrsulines n'ont pas encor faict paroistre assez clairement qu'elles sçauent parler Latin. Il est bien vray que la Mere Superieure au commencement se mesloit de respondre en Latin : mais qu'il luy reüssissoit si mal, que ceux qui entendoyent le Latin s'en mocquoyent, & depuis ne la plus voulu entreprendre, qui est vne forte presumption qu'elle s'en est deportée de peur de descouurir dauantage son ignorance. Car puis que par la force des Exorcismes on contrainct les Demons de dire & faire choses estranges, mesme de quitter les corps qu'ils possedent, d'où vient qu'on ne les sçauroit plus faire parler Latin ? Car quand le *Rituel Romain* met entre les marques de possession *Ignota lingua loqui pluribus verbis*, cela ne se doibt pas entendre de deux ou trois petits mots seulement; ains d'vne notable suite & continuation de discours: non d'vne seule matiere, ains de plusieurs bien differentes: & non vne seule fois, ains autant de fois que besoin en est.

Quant aux responses qu'elles font en François aux questions Latines qui leur sont faites, pour sçauoir ce qu'õ en peut inferer, il faut noter que nous ne doutons point qu'elles n'entendent quelque peu de Latin, veu que non seulement il y a beaucoup de mots Latins qui ne sont gueres differents des François de mesme signification, mais encore qu'estant filles de bon esprit, il n'y a point d'apparence qu'elles n'ayent iamais eu la curiosité d'entendre leurs Heures & prieres qu'elles font en Latin tous les iours depuis qu'elles sont en Religion : mais la question est, si elles ont vne bonne cognoissance de la langue Latine, comme pour entendre vne Oraison de Cicerō, ou vne Ode d'Horace, & c'est ce que ie soustiens ne pouuoir estre inferé des responses qu'elles font. Car premierement, l'Exorciste ne parle iamais à elles en public sans les auoir auparauant entreteuuës en particulier, de sorte qu'il n'y a rien, que la bonne opinion qu'on a de sa prudhommie & sincerité, qui empesche de croire que les demandes & responces qui se font en public soyent des pieces concertées entr'eux & estudiées. Or comme vn Ancien Romain disoit, qu'il ne vouloit point de femme qui ne fust aussi nette de soupçon que de coulpe; de mesme il seroit a desirer, qu'il ne parlast iamais a elles, & ne les vist iamais qu'en public, & que les demandes qu'il leur doit faire ne fussent pas de son choix. Secondement, les demandes qu'il leur fait sont pour la plus part extremement faciles a entendre a celles qui entendent leur Heures & Prieres ordinaires. 3. Quand elles n'en entendroyent pas tous les mots, si est-ce que l'intelligence d'vne partie leur fait aisement deuiner le reste. 4 Les demandes qu'on leur fait maintenãt sont, pour la plus part, les mesmes qu'õ leur a tousiours fait depuis le commencement, ou au moins, semblables & de mesme nature, & elles seroyent fort lourdes & grossieres si depuis 22. mois elles n'y auoyent rien appris. 5. Quand elles n'entendent pas vne demande, on en varie les termes, pour en rendre l'intelligence plus facile. 6. Les choses qu'on leur presente parlent quelquefois d'elles meſmes : comme quand on leur preſente vn Chappelet,& leur commande de le baiſer, elles ſçauent aſſez qu'elles ne ſçauroient faillir en le baiſant,quand meſme le commandement qu'on leur fait en Latin auroit vn autre ſens. 7. Bien ſouuent elles ne reſpondent rien a ce qu'on leur demande,& lors elles diſent qu'il y a pact de ſilence entre les Demons & le Magicien , & par ce moien il leur eſt fort aiſé de couurir leur ignorance. 8. Elles reſpondent quelquefois aſſez mal à propos, ou deſtournent ſubtilement la queſtion en mettant en auant vn autre propos.

Mais quand ie ſerois tres aſſeuré que elles entendent bien la langue Latine, qui m'aſſeurera qu'elles n'y auoyent pas eſtudié de longue main , ou au moins depuis qu'on pretend qu'elles ſont poſſedées ? Et apres tout cela il me reſteroit encore ce ſcrupule, pourquoy c'eſt qu'elles n'entendent pas les autres langues eſtrangeres, & notamment la langue Grecque & l'Hebraique. Car S. Hierosme raconte qu'vn ieune homme Aleman estant tourmenté d'vn Demon, alla trouuer l'Hermite Hilarion, pour par ses prieres & assistances en estre deliuré; & que le Demon respondit à Hilarion premierement en langue Syriaque & apres en la langue Grecque, bien que, le ieune homme ne sceust parler que sa langue maternelle & la Latine. Les paroles de S. Hierosme sont, *Syro quo interrogatus fuerat sermone respondit. Videres de ore Barbaro, qui Francam tantùm & Latinam linguam nouerat, Syra ad purum verba resonare, vt non stridor, non aspiratio, non idioma aliquod Palæstini deesset Eloquij*, &c. Pour eluder cet argument, quelques vns disent, que tous les Demons n'entendent pas toutes sortes de langue: ains les apprennent en conuersant parmy les hommes. Mais cela ne me satisfait pas. Car le tentateur de Iob, *Tracassoit par la terre & la tournoyoit*: & Tertulian dit, *Omnis spiritus ale-*

ales est hoc Angeli & Dæmones. Igitur momento vbique sunt: totus orbis illis locus vnus est: quid vbique geratur tam facilè sciunt quam enuntiant. Est-il donc possible que les Diables de Lodun ayent si peu voyagé qu'ils n'ayent iamais esté ni à Mets, ni en Auignon, pour entendre parler les Iuifs? au moins s'ils ne vouloyent pas aller si loin, ils pouuoient apprendre la langue Hebraique en plusieurs Escholes plus proches où elle est enseignee. Et qui croira que les Demons d'auiourd'huy n'entendoyent pas la langue de nos premiers peres? ou s'ils l'ont autrefois entenduë qu'ils l'ayent oubliee depuis? Quant à la lãgue Grecque, il n'y a si petit College en France où elle ne s'enseigne maintenant; & sans sortir de Lodun, ils y pouuoyent en auoir autant appris qu'ils semblent sçauoir de Latin. Il y en a d'autres qui, pour excuser l'ignorance de ces Demons respondent, qu'il y a vn pact entre le Magicien & eux, qu'ils ne respõdront qu'à ce qui leur sera demandé en François, ou en Latin : ils deuoyent encore adiouster *en Latin de Breuiaire*. Mais cela n'est qu'vn eschappatoire. Car puis que par la vertu des exorcismes ils destruisent & rompent tous les iours plusieurs autres pacts, pourquoy ne peuuent ils rompre cestuy cy ? Concluons donc que pour sçauoir si ces filles ont vne telle cognoissance des langues estrangeres que le Rituel requiert pour marque de la possession, il leur faudroit donner à interpreter, à l'ouuerture du liure, vne page du Viel Testament en en Hebreu, & vn autre du Nouueau en Grec, & vn autre de Ciceron, ou Salluste, ou quelque autre Autheur Latin.

Le secõd argument de la possession tiré des paroles de ces filles est, que par leurs bouches plusieurs choses secrettes ont esté reuelées & manifestées. Mais cela posé, pourquoy inferenions nous plustost qu'elles sont possedées que Magiciennes ? Car les Magiciens par la communication qu'ils ont auec le Diable apprennent des choses secrettes & cachées, & les reuelent. Et si vn Curé peut tant oublier son Dieu que de deuenir Magicien, comme on dit que Grandier Curé de S. Pierre du Marché de Lodun a faict, des Religieuses ne pourroyent elles pas l'auoir faict? Car la Curiosité, l'Ambition, l'Amour, la Haine, & autres passions de l'Ame, qui poussent l'homme à la Magie, sont communes aux deux sexes. Mais par la grace de Dieu ie ne suis pas si despourueu de charité, ny si irrespectueux enuers l'ordre Ecclesiastique, que de croire vne telle chose des vns, ny des autres, si ie n'y suis forcé par des preuues certaines & indubitables; seulement ie soustiens que la reuelation de choses secrettes n'est pas vne marque infaillible de la possession, puis qu'elle est commune aux possedez & aux Magiciens. Il est vray que le Rituel la met entre les marques de la possession, mais il n'y est pas dit, qu'vne seule des marques qui y sont alleguées soit suffisante pour conclurre la possession : ains que pour en rendre la preuue plus asseurée il faut qu'il s'y en rencontre plusieurs. Mais cela posé que ceste seule marque suffit, ie ne croy pas que par la bouche d'aucune de ces filles ait esté reuelée chose aucune qu'elles n'eussent peu sçauoir humainement, & par moyens ordinaires: ains au contraire ie sçay certainement qu'elles se sont souuent mesprises en leurs responses: & partant i'ay subiect de croire que si elles ont quelque fois bien rencontré, ce n'a esté que comme quand les diseurs de bonne aduenture se mettent en reputation pour auoir entre cinq cens mensonges rencontré vne seule verité. Cela m'a apparu euidemment en ce que, la premiere fois que ie fus present aux Exorcismes, Monsieur de Poictiers & l'Exorciste ayans adiuré le diable Gresil, qu'on disoit estre dans le corps de la Mere Superieure, de dire le nom du sieur Duncan Medecin de Saumur, ladicte Superieure auec son Gresil se trompa deux fois, l'appellant premierement *Benoist*, & vne demie heure apres, *Texier*, (qui sont les noms de deux autres Medecins de Saumur, desquels l'vn auoit traicté sa defuncte mere en la maladie dont elle mourut. Mais elle ne cognoissoit aucun d'eux de visage) & estant redarguée de mensonge pour la seconde fois, ne voulut plus se hasarder de deuiner son nom.

De ce que dessus il appert, que les arguments tirez des paroles de ces filles, n'ont point de force pour prouuer que elles soyent possedées. Passons maintenant à l'examen des mouuements de leurs corps, qu'on pretend estre surnaturels. Ils disent donc qu'elles se mettent tantost en pelotton, & se roulent par terre, ou se trainent en serpent, tantost estant debout elles s'alongent vn pied plus haut que leur stature naturelle, tantost elles souffrent des frissons &

tremblemens, tantost des conuulsions horribles & contorsions prodigieuses de leurs bras & jambes, se renuersant en arriere & touchant du front à terre, & se mettant en autres postures estranges, tantost elles tombent en assoupissement, de sorte qu'on les peut pincer & picquer sans qu'elles le sentent: & qu'en tous ces mouuemens elles monstrent auoir vne force merueilleuse, & aux mouuements conuulsifs des yeux vne estrange vistesse. En outre que le visage & le col leur enflent, & changent de couleur en vn instant, & que le mouuement estant finy, incontinent elles se trouuent en leur premier estat, sans qu'il paroisse en elles aucun changement de poulx, ny qu'il leur reste aucune marque de leurs trauaux passez: Et (qui est encore plus merueilleux) tous ces mouuemens dependent tellement de la parole de l'Exorciste, qu'il les fait continuer, cesser, ou commencer quand il luy plaist.

Mais qu'y a t'il de surnaturel en tout cecy ? il ne faut que le tesmoignage de S. Augustin pour condamner les iugemens precipitez de ceux qui sont si hardis à donner des bornes à la puissance de Nature. Peut-estre qu'il aura plus d'efficace enuers les Exorcistes & autres Religieux, que s'il estoit tiré des escrits d'Aristote, d Hippocrate, ou de Galien. Ce Sainct Pere au 24 chapitre du 14. liure *de Ciuitate Dei* dit *auoir cognu quelques vns qui faisoyent de leurs corps des choses que les autres hommes ont de la peine à croire. Qu'il y en auoit qui remuoyet les oreilles : & d'autres qui remuoyent les cheueux, les faisant descendre sur leur front, & les releuans derechef, sans remuer la teste: d'autres qui apres auoir auallé beaucoup de choses differentes, en ramenoyent dans la bouche celle-là toute entiere qu'on leur demandoit : d'autres qui imitoyent si parfaitement les voix de toutes sortes d'animaux, que personne n'eust sçeu recognoistre la fiction sans les voir : d'autres qui petoyent gnot qu'ils vouloyent, & sembloyent chanter du cul: d'autres qui versoyent des larmes en abondance, quād ils vouloyent: & vn certain qui suoit quand il luy plaisoit: &* (chose beaucoup plus merueilleuse) *vn Prestre nommé Restitutus, qui entroit en ecstase & rauissement des sens quand bon luy sembloit, & demeuroit sans respiration & semblable à vn mort, de sorte qu'on le picquoit & pinçoit, mesmes quelques-fois on appliquoit du feu à quelque endroict de son corps & le brusloit, sans qu'il le sentist.* Mais il vaut mieux que ie couche icy les propres mots de l'Autheur. *Nam & hominum quorundam naturas nouimus* (dit il) *multum cæteris dispares, & ipsa raritate mirabiles, nonnulla, vt volunt, de corpore suo facientium, quæ alij nullo modo possunt, & audita vix credunt. Sunt enim qui aures moueant vel singulas, vel ambas simul. Sunt qui totam cæsariem, capite immoto, quantum capilli occupant, deponunt ad frontem, reuocantque cum volunt. Sunt qui eorum quæ vorauerunt incredibiliter plurima & varia*

varia, paululum præcordijs contrectatis, tanquam de sacculo, quod placuerit integerrimum proferunt. Quidam voces auium, pecorumque, & aliorum quorumlibet hominum sic imitantur atque exprimunt, vt, nisi videantur, discerni omnino non poßint. Nonnulli ab imo, sine pudore vllo, ita numerosos pro arbitrio sonitus edunt, vt ex illa etiam parte cantare videantur. Ipse sum expertus sudare hominem solere cum vellet. Notum est quosdam flere cum volunt, atque vbertim lachrymas fundere. Iam illud multo est incredibilius quod plærique fratres memoria recentißima experti sunt. Presbyter fuit quidam nomine Restitutus in paræcia Calamensis Ecclesiæ, qui quando ei placebat (rogabatur autem vt hoc faceret ab ijs qui rem mirabilem coràm scire cupiebant) ad imitatus quasi cuiuslibet hominis lamentantis voces, ita se auferebat à sensibus, & iacebat simillimus mortuo; vt non solùm vellicantes atque pungentes minimè sentiret, sed aliquando etiam igne vreretur admoto, sine vllo doloris sensu, nisi postmodum ex *vulnere. Non autem obnitendo, sed non sentiendo non mouere corpus, eo probatur, quod tanquam in defuncto nullus inueniebatur anhelitus. Hominum tamen voces, si clariùs loquerētur, tanquam de longinquo se audisse postea referebat. Cum itaque corpus etiam quibusdam, licet in carne corruptibili hanc ærumnosam ducentibus vitam, ita in plærisque motionibus & affectionibus extra vsitatum naturæ modum mirabilter seruiat, quid causæ est &c.*

Il attribue donc tous ces merueilleux effects à la force & puissance de la nature de ceux qui les faisoyent, & distingue entre ce qui est *extra vsitatum naturæ modum*, & ce qui est absolument & entierement *extra naturam*. Aristote au quatriesme liure de la generation des animaux se sert de la mesme distinction, parlant des choses qui se font selon la nature & contre la nature. Car il dit que les monstres sont du nombre des choses qui sont παρὰ φύσιν c'est à dire, *outre ou contre nature*, & neantmoins qu'ils sont en quelque façon κατὰ φύσιν, c'est à dire, *selon nature*, pource qu'ils s'engendrent outre & contre le cours ordinaire de la nature, & neantmoins sont effects de la nature visante à son but ordinaire, mais n'y pouuante atteindre, à cause de la resistance & mauuaise disposition de la matiere.

Quand donc nous voyons en quelcun quelque chose d'extraordinaire, & qui nous semble estrange, nous ne la deuons pas incontinent iuger surnaturelle. Car ce pas cy est fort glissant, & les plus sçauants craignent le plus d'y tomber : au contraire l'ignorance est accompagnee de temerité. Il n'y a pas douze ans que si quelcun eust dit qu'vn homme peut parler sans langue, il eust esté sifflé de tout le monde. Mais depuis nous auons appris que la langue n'est pas absoluement necessaire à former la parole. Car il y a en nostre voisinage vn garçon qui ayant perdu la langue, par la malignité & virulence de la petite verole, ne laisse pas de parler intelligiblement, & prononcer toutes les lettres de l'Alphabet. Il est vray que quelques fibres des muscles de la langue luy sont demeurees, mais elles sont collees & vnies par continuité à la maschoire inferieure, & priuees de leur ancien mouuemēt, de sorte que la merueille n'est pas moindre que s'il ne luy en estoit rien resté du tout. Car la langue ne sert à former la parole, qu'entant que desliee & libre pour rompre l'air, & frapper de sa pointe, tantost les dents, tantost la partie anterieure du palais de la bouche. Et c'est ce qu'Aristote nous enseigne au 2. liure des parties des animaux disant, que l'homme τὴν γλῶτταν ἔχει ἀπολελυμένην πρὸς τὴν τῶν γραμμάτων διάρθρωσιν. Et que ἡ γλῶττα προσδεδεμένη ἄχρηστος ἐστι πρὸς τὴν τῆς φωνῆς ἐργασίαν. Mais pour retourner aux mouuemens dont est question, ie ne les trouue nullement estranges, sinon entant qu'ils se font par des Religieuses, que nous ne deuons pas legerement presumer auoir employé leur tẽps à les apprendre. Car s'ils se failoyent par des Batteleurs sur vn theatre, personne ne les admireroit. Toutesfois ceste raison n'est que morale. Adioustons qu'elle n'est plus de saison, puis qu'il y a pres de deux ans qu'on les exorcise, & qu'elles s'exercent à ces mouuemens. Ie puis encor dire auec verité, auoir fait faire la plus part de ces mouuemens à vn enfant de dix ans, qui ne les auoit iamais essayés auparauant.

Quoy que c'en soit, il est à propos de remarquer que tous les susdicts mouuements ne sont pas communs à toutes ces filles, ains chacune d'elles en fait seulement quelques vns, ausquels elle se trouue plus propre, soit par la conformation & disposition naturelle de son corps, soit par accoustumance. Partant pour monstrer que ces filles sont possedees, l'Exorciste deuroit cõmãder à la Mere Superieure de faire tous les mouuemens que fait Elizabeth Blanchard (pour exemple) & à la sœur Agnes de faire ceux que toutes les deux font.

Mais pour examiner tous ces mouuements plus exactement, l'homme se peut esleuer en l'air à la hauteur de trois ou quatre pieds, ou de six ou sept s'il est plus leger & dispos : mais estant au plus haut poinct auquel ses forces le peuuent porter il ne se peut eslancer vne seconde fois, & se donner vn nouueau bransle, ains incontinent sa pesanteur naturelle le porte derechef en bas. Si donc quelcune de ces filles se guindoit en l'air iusques à la hauteur de deux ou trois picques, ou si elle y demeuroit suspendue quelque temps notable, ou si elle y voltigeoit & voloit, ou si elle montoit au haut d'vne muraille droicte sans eschelle, ou autre aide semblable, il faudroit confesser qu'elle auroit esté portee & soustenuë par quelque puissance surnaturelle: mais rien de tout cela ne leur est encore arriué. Pareillement l'homme peut apprendre à nager : mais s'il marchoit sur l'eau sans s'efoncer, il y auroit plus que de l'homme. Mais c'est auoir l'esprit merueilleusement preoccupé que de croire que de se rouller, veautrer, ou trainer sur terre, soit vne chose surnaturelle. Ils s'estonneroyent bien dauantage s'ils les voyoyent marcher sur les deux mains, la teste en bas & les pieds en haut : & neantmoins les Basteleurs le font sur les theatres, sans que personne les admire.

Quant aux diuers mouuemens de leurs membres & leurs diuerses postures, considerons y 1. L'espece de chaque mouuement. 2. Son extention. 3. Sa vistesse. 4. La force qui se desploye en sa production. 5. L'estat du corps pendant, & apres le mouuement. 6. Le pouuoir que les adiurations & commandements de l'Exorciste ont sur tous ces mouuemens.

Premierement donc il est certain que toutes les especes des mouuemens qui se remarquēt aux corps de ces filles, comme frisson, tremblement, conuulsion, contorsion, alongement, racourcissement, roidissement & flescchissement, se font par des ressorts naturels. Aux frissons & tremblemens les muscles par le moyen de leurs fibres se secouent ; il ne faut qu'vne passion de l'ame pour les exciter : & il y en a qui les sçauent si bien contrefaire, que les plus attentifs auroyent de la peine à les discerner. Les conuulsions ne sont autre chose que des mouuements inuolontaires des parties qui obeissent ordinairement à la volonté ; & partant se peuuent contrefaire tres-facilement. Si les dents saultoyent & dançoyent dans la bouche, sans remuer les maschoires, & sans qu'on y touchast, ce seroit vne chose surnaturelle, d'autant qu'elles sont enchassees & fichées dans les maschoires, comme des cheuilles dans vn posteau : mais quand les bouts de diuers os sont ioincts par des ligaments ployables

bles & flexibles, l'vn se peut remuer, l'autre demeurant en repos, & ce par le moyen des muscles & tendons ou cordes, que nature a ordonné pour les tirer d'vn ou d'autre costé: tels sont tous les mouuements qui se voyent en ces filles, & iamais aucune d'elles n'a fermé la main en dehors comme en dedans, ny plié la cuisse en derriere, de sorte que les i'arrests touchassent aux espaules, pource que nature n'a donné au corps de l'homme aucuns muscles & cordes pour ce faire.

Mais on nous dit, que bien que ces mouuemens ne soyent pas surnaturels estans considerez selon leur espece, ils ne laissent pas de l'estre eu esgard à leur extension & grandeur: pour exemple, (disent-ils) le dos se peut plier en arriere, mais non pas iusques là que le frõt puisse toucher aux talons. Cependant ils ne considerent pas que plusieurs ieunes garçons, sans auoir esté instruits parmy des Batteleurs, le font pour monstrer la souplesse & agilité de leur corps. Qu'ils apprennent que cela depend principalement de la constitution naturelle des iointures & ligaments qui sont plus lasches aux vns, plus serrez aux autres, plus mols & flexibles aux vns, plus secs & durs aux autres. Et ainsi voyons nous qu'vn enfant de dix ou douze ans fait mieux ces tours de souplesse qu'ayant atteint l'aage de treize ans, pource qu'a mesure qu'il s'auance en aage ses ligaments se desseichent & s'endurcissent, & par mesme raison les filles sont plus propres a ces mouuements que les garçons. C'est aussi par la mesme raison que la Mere Superieure s'esleuant sur le bout des orteils, & estendant tous ses membres passe sa stature ordinaire, mais non pas tant que le vulgaire s'imagine qu'elle fait.

Quant à la vistesse du mouuement de leurs yeux, ie m'estonne fort qu'on l'allegue pour prouuer la possession, la nature les ayant priuilegiez d'vne figure extremement propre au mouuement & leur ayant donné plus de muſcles qu'à aucune autre partie du corps de meſme grãdeur. Les excellents ioüeurs de Luth remuent les doigts d'vne merueilleuſe viſteſſe, & quelques vns vont ſi viſte de la langue, que les eſprits de leurs auditeurs trauaillent à les ſuyure: toutesfois perſonne ne les eſtime ny Magiciens ny poſſedez.

Quant à la force qui ſe deſploye en tous leurs mouuemens, il eſt vray qu'auant que d'aller à Lodun pour m'en eſclaircir, peu s'en failloit que ie ne fuſſe perſuadé comme beaucoup d'autres, qu'elle eſtoit merueilleuſe & incroyable. Car le bruict commun eſtoit que cinq ou ſix forts hommes n'eſtoyent pas capables d'empeſcher aucun de leurs mouuements: mais y eſtant allé ie trouuay le contraire: car le 21. de May dernier commandement ayant eſté faict par l'Exorciſte aux Demons qu'on diſoit eſtre dans la Mere Superieure de faire les contorsions accoustumées de ses bras & iambes, le Sieur Duncan se saisit de la main droicte auec vne seule des siennes, & elle apres s'estre efforcée en vain de la luy arracher, fit les contorsions de ses iambes & de son bras gauche qu'elle auoit libres, & estãt adiurée souuent par l'Exorciste de le faire pareillement de son bras droict, elle dit en fin *ie ne le puis car il me le tient* Lors l'Exorciste dit audit sieur, *laissez luy le bras: car comment se feront les contorsions si vous le tenez*: à qui ledit sieur respondit à haute voix, *Si c'est vn Demon qui les fait, il doit estre plus fort que moy*: mais l'Exorciste luy repliqua en courroux, *quelque bon Philosophe que vous soyez c'est mal argumenter. Car vn Demon hors du corps est plus fort que vous: mais estant en vn corps foible tel qu'est-cettuy-cy il n'est pas necessaire qu'il soit si fort que vous: car ses actions sont proportionnees aux forces naturelles du corps qu'il possede*: mais le bon Pere ne se souuenoit pas d'auoir leu en l'Euangile que les Demoniaques rompoyent les ceps & chaisnes dont ils estoyent liez, ni que le Rituel met entre les marques de possession, *Vires supra ætatis & conditionis naturam ostendere.* Le lendemain ledit sieur Duncan en fit autant à la sœur Agnes, & on le pria de ne luy serrer pas trop la main, d'autant que la Mere Superieure s'estoit plaincte qu'en la tenant trop fort il l'auoit blessee, & neantmoins est à remarquer que les forces dudit sieur Duncan sont mediocres & ne se seruit que d'vne seule main. Tout cecy se passa en la presence de Monsieur le Commandeur de la Porte, de Monsieur de Poictiers & Monsieur de Laubardemont, & d'vn grand nombre de personnes de condition.

Considerons maintenant l'estat de ces filles pendant & apres lesdits mouuements. Ils disent donc que pendant leurs mouuemens & agitations la gorge, la langue & le visage leur enflent quelquefois en vn instant, & deuiennent rouges tirant ſur la couleur dinde. Et qu'elles tombent quelquefois en vn tel aſſoupiſſement ou ecſtaſe qu'on les peut pincer & picquer ſans teſmoigner en auoir aucun ſentiment. Mais n'eſt-ce pas ſe mocquer du monde, de dire que l'enflement ſubit de la gorge, langue & viſage, & le changement ſuſdict de leur couleur ſoit vne marque certaine de poſſeſſion. A la verité ſi leurs iambes ou cuiſſes s'enfloyent en vn inſtant, & de blanches deuenoyent rouges ou noiraſtres ſans quon les touchaſt, & incontinent ſe deſenfloyent derechef, & retournoyent à leur couleur naturelle, i'en ſerois eſtonné, & confeſſerois que ce auroit eſté vn effect ſurnaturel: mais quelle merueille eſt-ce qu'en retenant leur haleine, & ſerrant fortement la poitrine, le viſage & la gorge s'enflent & changent de couleur? ains ce ſeroit vne grande merueille ſi cela n'arriuoit pas.

Quãt aux aſſoupiſſemens ils peuuent

venir de maladie, & eſt aiſé aux ſains de les contrefaire: & ſi cependant elles ne teſmoignent auoir aucun ſentiment quand on les picque, il ne s'enſuit pas qu'elles ſoyent poſſedees : car perſonne n'ignore que l'aſſoupiſſement reel ou qui vient de maladie apporte auec ſoy vne priuatiō de ſentiment ou au moins rend le ſentiment ſtupide & eſtourdy, & que l'aſſoupiſſement contrefait doit auoir pour compagnie vne reſolution & conſtance à ſouffrir d'eſtre pincé ou picqué ſans s'en plaindre, ou ſans remuer, meſme ſans changer de couleur. Quoy que ç'en ſoit, ces aſſoupiſſemens n'eſgalent pas les ecſtaſes & inſenſibilité du Preſtre Reſtitutus, que S. Auguſtin ne ſouçonnoit ne de Magie, ni de poſſeſſion.

Mais diſent-ils d'où vient que leurs mouuemens eſtans finis elles retournent incontinent à leur premier eſtat, ſans qu'il paroiſſe en elles preſques aucun changement de poulx ni laſſitude, ni autre marque de leurs trauaux passez. Tant s'en faut que cela prouue la possession qu'au contraire il me semble plustost la destruire : Car ce n'est pas la coustume du Diable de se contenter de faire des tours de soupplesse aux corps qu'il possede, les laissant au reste sains & dispos & exempts de douleur. Ains au contraire l'Euangile nous enseigne *qu'il les rendoit les vns sourds & muets, faisoit tomber les autres souuentes-fois dans le feu ou dans l'eau, faisoit escumer les autres de la bouche, rendoit quelques-vns secs & tabides, & tourmentoit quelques vns comme s'il les eust voulu desrompre & deschirer, & apres leurs agitations & tourmens les laissoit foibles & abbatus & quelquefois comme demi morts.* Mais les Batteleurs font des efforts qui nous semblent estranges auec peu de peine & changement en leur corps, & nous auons veu despuis peu de temps vne ieune fille sur vn theatre apres vn tournement de demie heure d'vne si admirable vitesse

que

que nostre veuë trauailloit à la suiure, s'arrester en vn instant, & faire vne reuerence de bonne grace, & paroistre aussi tranquille que si elle eust tousiours demeuré en repos. Et qui ne sçait que les melancholiques & maniaques font des mouuemens extremement violents sans grand changement de pouls?

Reste à voir d'où vient que les mouuemens de ces filles obeissent au commandement de l'Exorciste. Premierement ie dis que si elles font ces mouuemens de gayeté de cœur, & par passetemps, il ne faut pas trouuer estrange qu'ils semblent dependre du cõmandemẽt de l'Exorciste. Secondement, en les attribuant à la melancholie & à vne fausse imagination de possession, la mesme chose doit auoir lieu. Car celuy qui croyoit estre cruche sembloit estre en son bon sens, sinon quand on s'approchoit de luy, d'autant qu'il craignoit de se rompre estant heurté: & celuy qui croit estre Roy ou Empereur, demande qu'on luy face les honneurs deus à vn Roy ou à vn Empereur, bien qu'en toute autre action il paroisse sage. Et nous lisons au 3. liure de Galien *de locis affectis*, qu'vn melancholique s'imaginant estre coq, *Toutes les fois qu'il entendoit chãter vn coq, se battoit les costez de ses bras, comme le coq fait de ses aisles, & cõtrefaisoit son chãt.* De mesme, si ces filles par vne folle & extrauagante imagination croyent estre possedees, sçachant bien que les Demõs doiuent obeir aux Exorcistes, elles tascheront de faire tout ce que les Exorcistes leur commanderont.

Ceux qui plaident le plus doctement pour la possession nous repliquer, qu'ils ont remarqué que quelques vnes de ces filles, parmy leurs autres agitations, souffrent quelquefois en leurs deux yeux des mouuemens dissemblables. D'où ils inferent, que ce ne sont pas des conuulsions feintes, ains des mouuements totalement inuolontaires. Car puis que les deux nerfs moteurs des deux yeux sont vnis en leur origine, l'homme ne peut donner aucun mouuement à l'vn de ses yeux sans que l'autre l'ensuiue. Ces mouuemens ne procedent non plus d'aucune cause naturelle de maladie : d'autant que les causes naturelles & ordinaires des maladies ne se peuuent chasser par des paroles : Et neantmoins ces mouuemens cessent au commandement des Exorcistes. Reste donc qu'ils procedent de quelque cause surnaturelle.

Cet argument d'abord semble estre bien fort. Mais en effect il est foible en toutes ses parties. Car premierement, bien que d'ordinaire les mouuements des deux yeux s'entresuiuent, i'ay cognu des personnes qui auoyent la veuë droite, & neantmoins sçauoyent louscher, c'est à dire donner à leurs yeux des mouuemens dissemblables, quand ils vouloyent. Et les enfans quelquefois apprennent à louscher par mauuaise couftume, & s'en corrigent eftans repris. En apres l'vnion des nerfs moteurs des yeux en leur origine eft vne mauuaife raifon, quoy qu'alleguee par des grands perfonnages, pour prouuer que nous ne pouuons empefcher l'vn de nos yeux de fuiure le mouuement de l'autre. Car par mefme raifon nous ne fçaurions hauffer l'œil fans le baiffer, ni le tourner à droite fans le tourner à gauche en mefme temps. Car ce n'eft qu'vn mefme nerf qui enuoye plufieurs petis filets aux diuers mufcles qui font ces diuers mouuemens. En troifiefme lieu, quand nous accorderions que les fufdits mouuemens font inuolontaires, qu'eft-ce qui nous obligeroit à les attribuer à vne caufe furnaturelle? la melancholie efmeue & l'imagination bleffee ne pourroit-elle pas caufer des conuulfions, puis qu'vne frayeur fubite, ou autre forte & vehemente paffion de l'ame en peut caufer en aucunes perfonnes? En quatriefme lieu, quand les

Medecins & Philoſophes diſent que les paroles ne peuuent rien ſur les maladies, il faut excepter celles qui dependent de la melancholie & imagination bleſſee. En dernier lieu ie pourrois dire, que le commandement de l'Exorciſte ne fait pas ceſſer les ſuſdits mouuemens: ains ſeulement qu'eſtans de leur nature courts & de peu de duree, ils paſſent pendant que l'Exorciſte inſiſte à repeter ſouuent vn meſme commandement. Ie ne fay qu'effleurer cette matiere, pource que pour la traitter exactement il faudroit vn plus long diſcours que ie ne me ſuis ici propoſé. Cōcluons donc que tous les mouuemens qui paroiſſent en ces filles, conſiderés auec toutes leurs circonſtances, ne ſuffiſent pas pour prouuer la poſſeſſion.

Paſſons à la conſideration des playes qu'on pretend auoir eſté faictes au coſté gauche de la Mere Superieure par le Demon Aſmodée, & deux de ſes compagnons, en ſortant de ſon corps. En voicy l'Hiſtoire. Ces Diables auoyent promis ſolemnellement de faire plusieurs miracles le 20. de May, en ſortant des corps qu'ils poſſedoyent. Et premierement que trois d'entr'eux, en ſortant de la Mere Superieure, feroyent trois playes en ſon coſté gauche, & autãt de trous en ſa chemiſe, en ſon corps de cotte, & en ſa robe; deſquelles playes la plus grande ſeroit de la longueur d'vne eſpingle qu'elle nous monſtra, & en ſuite elle nous deſigna l'endroit ou leſdictes playes ſe deuoyent faire: en apres, que trois autres, en ſortant de la Sœur Agnés, laiſſeroyent quelques marques ſanguinolentes ſur ſon front. 3. Que la calotte de Monſieur de Laubardemont ſeroit enleuée en l'air à la hauteur de deux picques, & y demeureroit ſuſpenduë pendant qu'on chanteroit vn *Te Deum*: Finalement, qu'vne d'icelles ſeroit enleuée en l'air, & y demeureroit ſuſpenduë l'eſpace d'vn *Miſerere*. Au reſte, pour oſter tout ſoubſçon de fraude & dol, on promit à Monsieur le Commandeur de la Porte, que la Mere Superieure auroit les mains liées derriere le dos, quand lesdites playes se feroyent en son costé. De tous ces signes les Demons n'essayerent d'en faire qu'vn seul, assauoir le premier, & en voicy le rapport qui fut rendu à Monsieur de Laubardemont par les Medecins soussignez.

Nos Doctores Medici, ex mandato Domini de Laubardemont in sacro Regis Consistorio Consiliarij, testamur nos horis pomeridianis diei 20. Maij anni currentis, accuratè inspexisse, & manibus contrectasse Iohannæ de Cause partes thoracis anteriores, & præcipuè à mamma sinistra ad nothas costas cartilaginemque ensiformem protensas; quòd ipsa locum futurorum vulnerum in prima notharum costarum eiusdem lateris designasset: quas omnes partes illæsas, & sine vlla continui solutione aut cicatrice reperimus. Nos etiam diligenter obseruasse ve-

stimenta thoracicas partes inuoluentia: quæ vidimus integra, illacera, absque vllo ferreo instrumento in ipsis recondito. Post quas omnes satis perspicaces obseruationes, prędicta Iohanna cum Reuerendo Patre Exorcista multis interrogationibus & responsionibus per integram circiter horam, gallico maxima ex parte sermone, vltro citroque habitis, iubente eodem Exorcista corporis contorsionem passa est, qua manibus pedibusque in posteriora retractis, volisque illarum, & horum plantis exactè aliquandiu iunctis, tandem partibus illis pristino statui redditis surrexit. Et breui pòst, membra denuò contorquere iussa, in faciem procubuit; retractoque in posteriora crure dextro, & in brachium latusque sinistrum inclinata tantisper iacuit: inde mox cum quodam gemitu manum dextram summis digitis sanguinolentam è gremio eduxit. Ad cuius gemitus causam inquirendam thoracicas togæ, tunicæ, & subuculæ partes oculatis manibus subduximus. Et primò togam duobus in locis, tunicam verò & subuculam in tribus transuer-

si digiti longitudine scissas deprehendimus: deinde cutē, sub læua mamilla, duobus transuersis digitis supra costam nobis antè designatam, tribus vulnusculis, vltra ipsam vix penetrantibus, diuisam: quorum vulnusculorum quod medium erat, hordei granum longitudine ferè adæquabat; reliqua verò duo paulò breuiora & minùs profunda erant. Ex quibus tamen omnibus sanguis effusus subuculam & tunicam tinxerat. In cuius rei fidem testimonium hoc chirographis nostris firmauimus. Iuliodunì die 22. Maij anno 1634.

Signé, PIDOVX, DVNCAN, TEIXIER, FVAV, VMEAV, FAVIER, QVILLET.

Que personne ne s'estonne si ce rapport ne contient pas le iugement des susdicts Medecins, de la cause efficiente desdictes playes, & de l'instrument dont elles semblent auoir esté faictes. Car Monsieur de Laubardemont, pour des raisons qu'il a pardeuers luy, & dont ils ne voulurent pas s'enquerir, leur fit entendre, qu'il ne desiroit pas sçauoir leurs sentimens de l'affaire au fonds, ains seulement requeroit d'eux vne simple relation de ce qui s'y estoit passé. Vous remarquerez premierement que les Diables de Lodun sont extremement fins & rusez : car de tous les signes qu'ils auoyent promis de faire, ils ne tascherent de faire que celuy là qui estoit le plus facile, & ou il y auoit moyen de tromper les assistants. 2. Que tous les habits de la Mere Superieure ne furent pas visitez, pource que les Medecins presupposoyent qu'elle auroit les mains liées. 3. Que ses mains estoyent libres, & cachées de leur veuë, quand les playes se firent, au grand mescontentement de la plus grande part des assistants : ce qui donna occasion à l'Exorciste de demander le lendemain au Demon Balaam, qu'on disoit estre demeuré, auec trois autres, dans le corps de la Mere Superieure, pourquoy Asmodée & ses deux compagnons s'en estoyent allez pendant qu'elle auoit la face & les mains cachées : auquel fut respondu, qu'ils l'auoyent faict pour entretenir plusieurs en leur incredulité. 4. Que ses playes ne se firent pas au lieu qu'elle leur auoit designé quand ils la visiterent. 5. Qu'elles n'estoyent pas de la grandeur promise. 6. qu'elles estoyent faictes comme par incision, ou picqueure, d'vn ganif, ou lancette. 7. que les incisions estoyent beaucoup plus grandes aux habits qu'en la peau, ce qui semble demonstrer qu'elles ont esté faictes de dehors en dedans, & non de dedans en dehors : car ce n'est pas comme aux harquebuzades, ou la bale emportant tout ce qu'elle rencontre, fait sa sortie plus grande que son entrée. 8. que ses habits ne furent pas visitez apres les playes faictes, d'autant que plusieurs d'entre les Medecins disoyent que pour le bien faire il eust fallu la mettre en chemise, ce que le lieu & la bien seance ne pouuoyent permettre en vne telle assemblee; & en outre que si elle auoit fait les incisions auec quelque ganif, ou bout de lancette, elle l'auroit ietté à terre, de sorte qu'on n'eust peu le trouuer pour lors, à cause de la foule du peuple. 9. que si lesdits Demons sortirent alors, ce n'estoit pas en vertu des Exorcismes: car les playes se firent sans commandemēt aucun à eux fait de sortir. 10 qu'vn de ces trois Demons auoit manqué à sa promesse. Car ils auoyent promis de faire chacun son trou en la robbe, aussi bien qu'au corps de cotte, & en la chemise : Et neantmoins il ne se trouua que deux incisions en la robbe, vne des incisions faictes au corps de cotte, & en la chemise, s'estant rencōtrée au defaut de la robbe, laquelle estoit ouuerte par deuant. Ie laisse maintenant à iuger à chacun si ces playes prouuent suffisamment la possession.

Le dernier argument qu'on allegue

pour la possession, c'est que ces filles ayant pris & auallé l'Hostie, en ramenent les especes entieres sur le bout de la langue, fort long temps apres : ce qui ne se peut faire que par quelque puissance surnaturelle, qui empesche la chaleur naturelle de l'estomach d'agir sur icelles & les consumer. A cecy il y a plusieurs responses. 1. Tous ceux qui parlent ingenuement de cet affaire confessent ne sçauoir si elles rapportent les especes entieres, ou non ; d'autant qu'elles ne les rapportent pas en leur premiere rondeur & grandeur, ains repliées en double ou confuses, & meslées auec de la saliue : & entre autres Monsieur de Laubardemont le raconta ainsi aux sieurs Texier & Duncan, quand ils le prierent de les en esclaircir. Or est il que l'argument n'a point de force, si elles ne les rapportent toutes entieres, & nullement alterees, & ce apres vn temps plus que suffisant à la chaleur naturelle de l'estomach pour les auoir entierement consumees. Si c'est vn Demon qui en conserue vne partie, pourquoy ne les conserue-il toutes entieres? Et s'il les empesche d'estre consumees par la chaleur de l'estomach, pourquoy ne les empesche il de s'humecter, se mesler auec la saliue, & se desfigurer? Et quand mesmes elles reuiendroyent du fonds de l'estomach en la bouche, & sur le bout de la langue, S. Augustin, s'il viuoit, ne laisseroit pas pour cela de douter de la possession. Car, comme nous auons veu au passage cy deuant allegué, il attribuoit à vne certaine disposition particuliere de la nature de quelques-vns, qu'ayans auallé vn grãd nombre de choses differentes, ils en rapportoyent entieres celles qu'on vouloit. 2. quelques vns de mes amis, ayants voulu depuis peu de iours remarquer comment la chose se faisoit, m'ont asseuré, que l'Exorciste ayant fait commandement à la Mere Superieure de rapporter lesdictes especes, elle se mit à faire des grimaces & contorsions de son corps, en telle sorte qu'ils perdirent de veuë sa face & ses mains, & en apres representa les especes redoublées sur le bout de la langue. Or cela ne satisfait pas à ceux qui desirent estre esclaircis de la verité. 3. Ce que ie vids arriuer par trois iours consecutifs, à sçauoir le 20. 21. & 22. de May dernier, me donna occasion de doubter si les especes ont iamais esté ramenées par aucune d'elles veritablement, & sans fraude: car tous ces trois iours là, l'Exorciste essaya, auec beaucoup de zele & de ferueur, de les faire representer par la Sœur Agnez, mais sans succez aucun. Car auant qu'il commençeast à luy faire le commandement de les rapporter, le sieur Duncan non content d'auoir regardé dãs la bouche de la Sœur Agnes, pour voir si elle les y auoit cachées, y porta aussi les doigts & y foüilla, & n'y ayant rien trouué, luy fit aualler deux ou trois gorgées d'eau, & en apres laissa faire à l'Exorciste, lequel y ayant trauaillé en vain, nous auons subiect de croire que cette exacte recerche gasta l'affaire.

Ie croy auoir suffisamment monstré la foiblesse de tous les arguments qu'on allegue pour la possession: & partant, si on n'en apporte d'autres plus forts & conuainquants, on ne me peut iustement blasmer si ie fais difficulté de la croire. Car en question de fait, si les preuues ne sont fort claires, il vaut mieux suspendre son iugement & douter d'vne verité, que de se mettre en hazard d'embrasser vne fausseté.

FIN.

www.ingramcontent.com/pod-product-compliance
Ingram Content Group UK Ltd.
Pitfield, Milton Keynes, MK11 3LW, UK
UKHW021015220726
13924UKWH00002B/998

9 782019 222833